I0018601

Roger C. NTANKOUO NJILA

Systèmes d'Informations pour la gestion et la sécurisation du commerce

Roger C. NTANKOUO NJILA

Systèmes d'Informations pour la gestion et la sécurisation du commerce

Systèmes d'informations; Gestion et sécurisation du Commerce: Cas de la British American Tobacco CEMAC, Cameroun

Éditions universitaires européennes

Mentions légales/ Imprint (applicable pour l'Allemagne seulement/ only for Germany)

Information bibliographique publiée par la Deutsche Nationalbibliothek: La Deutsche Nationalbibliothek inscrit cette publication à la Deutsche Nationalbibliografie; des données bibliographiques détaillées sont disponibles sur internet à l'adresse http://dnb.d-nb.de.
Toutes marques et noms de produits mentionnés dans ce livre demeurent sous la protection des marques, des marques déposées et des brevets, et sont des marques ou des marques déposées de leurs détenteurs respectifs. L'utilisation des marques, noms de produits, noms communs, noms commerciaux, descriptions de produits, etc, même sans qu'ils soient mentionnés de façon particulière dans ce livre ne signifie en aucune façon que ces noms peuvent être utilisés sans restriction à l'égard de la législation pour la protection des marques et des marques déposées et pourraient donc être utilisés par quiconque.

Photo de la couverture: www.ingimage.com

Editeur: Éditions universitaires européennes est une marque déposée de
Südwestdeutscher Verlag für Hochschulschriften GmbH & Co. KG
Dudweiler Landstr. 99, 66123 Sarrebruck, Allemagne
Téléphone +49 681 37 20 271-1, Fax +49 681 37 20 271-0
Email: info@editions-ue.com

Produit en Allemagne:
Schaltungsdienst Lange o.H.G., Berlin
Books on Demand GmbH, Norderstedt
Reha GmbH, Saarbrücken
Amazon Distribution GmbH, Leipzig
ISBN: 978-613-1-56452-9

Imprint (only for USA, GB)
Bibliographic information published by the Deutsche Nationalbibliothek: The Deutsche Nationalbibliothek lists this publication in the Deutsche Nationalbibliografie; detailed bibliographic data are available in the Internet at http://dnb.d-nb.de.
Any brand names and product names mentioned in this book are subject to trademark, brand or patent protection and are trademarks or registered trademarks of their respective holders. The use of brand names, product names, common names, trade names, product descriptions etc. even without a particular marking in this works is in no way to be construed to mean that such names may be regarded as unrestricted in respect of trademark and brand protection legislation and could thus be used by anyone.

Cover image: www.ingimage.com

Publisher: Éditions universitaires européennes is an imprint of the publishing house
Südwestdeutscher Verlag für Hochschulschriften GmbH & Co. KG
Dudweiler Landstr. 99, 66123 Saarbrücken, Germany
Phone +49 681 37 20 271-1, Fax +49 681 37 20 271-0
Email: info@editions-ue.com

Printed in the U.S.A.
Printed in the U.K. by (see last page)
ISBN: 978-613-1-56452-9

**GROUPE
EIER - ETSHER**

BRITISH AMERICAN
TOBACCO

Systèmes d'informations Pour la sécurisation du Business :

Cas de BAT/CEMAC.

Par : **NTANKOUO NJILA ROGER C.**

DESS en Informatique Appliquée.

EIER Ouagadougou.

Encadreurs

Dominique NTONO AYISSI
Business Analyst of
Corporate Services (IT)
BAT/CEMAC.

Marcel KAMDEM
Infrastructure Manager (IT)
BAT/CEMAC.

Mamadou TOURE
Responsable de Formation ISE
EIER OUAGADOUGOU.

Avant propos

Les entreprises en quête de performance ont recours à l'usage des techniques informatiques pour la gestion quotidienne des tâches liées à leur activité de production. Il a été démontré par ailleurs que la capitalisation des informations liées au système de production et activités connexes, permet de stabiliser et de rendre pérenne ses activités ; surtout dans un secteur aussi concurrentiel que celui de BAT.

Voici pourquoi, il est évident qu'à BAT, toute information soit autant importante que le moindre Franc rentrant en jeu dans le circuit de production.

Par son système de Business analysis et sa politique de « continuing improving » les cadres de BAT se livre au quotidien, dans l'exercice de leur fonction respective, à la capitalisation des informations en circulation dans l'entreprise, ainsi qu'à son usage pour une plus grande efficacité dans le business de BAT.

C'est dans ce contexte qu'ont été réalisé pour le compte de mon stage de fin de formation deux projets au sein de BAT.

- Amélioration du système d'information en matière de correspondance à BAT/CEMAC.
- « Car traking and trade activities ».

Le présent document faisant office de mémoire de fin de formation pour l'obtention du diplôme de DESS en Informatique est donc réalisé en deux parties chacune portant sur l'un des projets.

GROUPE
EIER - ETSHER

BRITISH AMERICAN
TOBACCO

SOMMAIRE

RESUME

Au-delà de l'automatisation de nos tâches quotidiennes par l'usage des outils et techniques informatiques pour une rentabilité meilleure, l'informatique a entre autres avantages cette possibilité d'offrir d'outils de suivi et d'analyse de nos activités. La sécurisation de l'information comme celle des personnes et des biens dans un secteur d'activité aussi concurrentiel et controversé que celui de la commercialisation du tabac, est un paramètre déterminant pour la stabilité de toute entreprise ayant une vision dont la portée dans le temps est loin d'être immédiate.

Il est vrai pour la confidentialité de l'information, qu'elle passe par une sécurisation du réseau informatique, mais il ne faudrait pas perdre de vue, les informations portées par le courrier.

Disposer d'un système d'informations intégrant toutes les activités de gestion de l'entreprise jusqu'à celles souvent considérées comme bénignes permettrait :

- De maîtriser tous les processus liés à la gestion de l'entreprise.
- De travailler dans le respect des fiches de tâches liées à tout poste de travail.
- De jouir d'une assurance qualité à tous les niveaux de la chaîne de production.

Dans le contexte des projets conduits pour le compte du présent mémoire, les conséquences sur le business de BAT sont les suivantes :

- La confidentialité des informations par la diminution du taux de perte enregistré en matière de courrier.
- L'assurance d'une collaboration permanente avec tous les partenaires de BAT.
- L'assurance du respect du planigramme élaboré pour le suivi des points de vente.
- L'amélioration du système de sécurisation des hommes et du matériel roulant.
- La disponibilité de plus d'éléments pertinents motivant la prise de décision pour les initiatives de développement et d'amélioration.

PARTIE 1e

**Amélioration du système d'information en matière de
Correspondance à BAT/CEMAC.**

Résumé du projet

1 Objet du Document

Ce document présente la gestion du courrier dans le contexte actuelle de la BAT, afin de relever ses défaillances et conséquences, puis de proposer une démarche vers son amélioration.

2 Historique du Projet

Afin d'aléger ses charges, BAT Cameroun a opté pour la suppression d'un certain nombre de postes de travail, notamment celui qui était dédié à la gestion du courrier. Des boîtes aux lettres ont été mises à la disposition des départements de BAT, pour la réception du courrier.

Le lien entre BAT et ses partenaires est assuré par :

un agent BAT et le service de gardiennage pour la collecte du courrier arrivé ;

un sous traitant et un agent BAT pour le dispatching dans les boxes et l'expédition du courrier ;

pour ce qui est des correspondances intre services, elles constituent environ 15% du flux et sont transmises soit directement au service destinataire, soit à travers la boîte aux lettres selon la nature ou l'urgence de la communication.

Le long de son parcourt, le courrier en circulation au sein de BAT ne connaît en général ni référencement, ni enregistrement, ni décharge. Ce qui ne permet pas de donner la position exacte d'un courrier en circulation à BAT, ceci concourt à la disparition du courrier ou le retard de sa réception effective. Le taux de perte des correspondances est évalué à environ 10% ; ce qui peut déboucher :

Au non respect des délais tant pour la livraison des commandes que pour le règlement des factures ;

En la non exécution d'une tâche planifiée ;

Au non respect des engagements pris par BAT, dans le cadre d'une quelconque mission.

Une vue synoptique de la circulation du courrier dans le contexte actuel de BAT est présentée ci-après.

GESTION ACTUELLE DU COURRIER A BAT CAMEROUN

DIAGRAMME DE FLUX

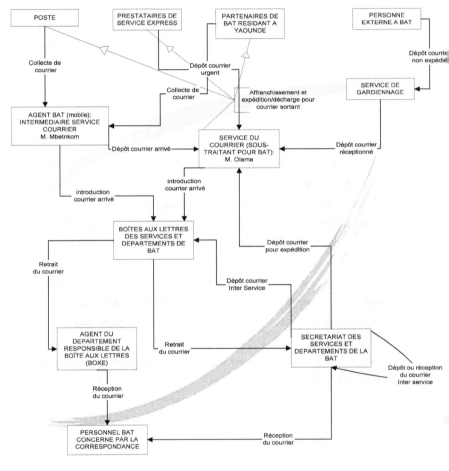

LEGENDE

└─action──▶   Déplacement de documents

| Poste ou intervenant | Poste ou intervenant

3   Elaboration du projet

3.1   Objectifs du Projet

En vue d'améliorer le système d'information relatif à la gestion du courrier, les objectifs suivants doivent être atteints :

- La traçabilité du courrier en circulation à BAT ;
- L'élimination des points non contrôlés dans le parcourt du courrier au sein de BAT ;
- Une meilleure vélocité dans la transmission des correspondances au sein de BAT ;
- La fiabilité dans la transmission des correspondances ;
- La réduction du nombre de transactions intervenant dans la transmission du courrier à BAT ;
- Une minimisation du taux de disparition des courriers.

3.2   Portée du Projet

Le présent projet s'intéresse particulièrement au cas des correspondances sur support physique. Il s'intéresse essentiellement au cheminement du courrier entre le premier et le dernier agent BAT impliqué dans sa transmission, ceci pour les correspondances internes et externes.

3.3   Grandes lignes et Attentes du Projet

Pour atteindre ses objectifs le présent projet devra produire un standard de gestion des correspondances adapté à la stratégie actuelle. Il s'agit :

- de spécifier et de rendre unique le chemin que devra suivre chaque type de correspondance au sein de BAT ;
- d'adopter les critères d'enregistrement des correspondances en circulation, pour faciliter leur traçabilité systématique ;

- de spécifier les différents points et le responsable de l'enregistrement pour chaque type de correspondance ;
- d'identifier et d'adopter les différents outils que disposera toute personne intervenant dans la transmission des correspondances ;
- d'élaborer et standardiser le modèle de référencement des correspondances à leur émission ;
- de mettre sur pieds une politique de sécurisation garantissant l'intégrité et la fiabilité des informations dont disposera l'outil adopté pour le suivi et l'administration des correspondances à BAT.

Les actions identifiées pour tracer le parcourt de toute correspondance sont les suivantes :

- le référencement des correspondances, pour l'identification des correspondances émises par BAT ;
- l'enregistrement du courrier, pour garder une trace du courrier en tout point de sa trajectoire ;
- la décharge à la réception du courrier, pour s'assurer de l'effectivité de son arrivée à destination.

Les différents points du parcourt des correspondances où ces actions doivent être effectuées sont identifiés sur la base du diagramme de circulation des documents BAT en annexe.

Conséquences du Projet.

Description	Propriétaire	Contrôleur	Approbateur	Format
Plan de circulation des documents.	BAT.	Services IT	Services IT	Diagramme
Principe de référencement, d'enregistrement et de décharge à la réception du courrier.	BAT : Assistantes, responsables de boxes, service courrier.	Service IT	Service IT	Fiche te tâches

Résultats du Projet

Description	Propriétaire	Destinataire	Contrôleur	Approbateur	Format
Réduction du taux de perte de courriers			Administrateur de la base de données	Assistantes et administrateur de la base de données	Données
Niveau d'efficience dans la gestion des correspondances	Service courrier		Administrateur de la base de données	Assistantes et administrateur de la base de données	Données
Outil informatique utilisé	Service IT	Utilisateurs	Utilisateurs	Service IT Et assistantes	Software

3.4 Contraintes

Le déploiement de la stratégie envisagée devra se faire dans le respect :
- du standard de BAT en matière de logiciel informatique;
- des clauses régies par les contrats de partenariat des personnes impliquées.

3.5 Dépendances et Interfaces

Le présent projet susceptible de faire l'objet d'une collaboration externe ou d'une quelconque transaction. Cette situation ne s'envisage que dans le cas où il s'avère indispensable de recourir à un outil logiciel du commerce.

3.6 Considérations économique du Projet

Le déploiement de la stratégie de traçabilité du courrier, objet du présent projet ne se fera pas sans imputation financière. Les principaux points concernés ici sont :
- l'approvisionnement en logistique de bureau (registres, chrono…) ;
- l'achat du logiciel informatique s'il venait à être indispensable, ainsi que sa maintenance (Par le partenaire de BAT en matière réalisation informatique);

10

- Le développement de la solution localement (temps consacré au développement).

4 Hypothèses et aspects économiques:

4.1 Description des alternatives

Deux alternatives sont envisagées ici, quant à l'aspect informatique de ce projet.

1. l'outil informatique est conçu, réalisé, testé et déployé par le service « IT » ;

2. l'outil informatique est testé et évalué par le département IT et les potentiels utilisateurs puis acheté ;

4.2 Coût indicatif

Le tableau suivant présente une estimation financière du projet dans l'alternative 1e ; à savoir : le déploiement des ressources du département IT à tous les niveaux. Cette évaluation est faite sur une période d'un an ; échéancier de payement des licences Lotus Notes.

5 Qualité des délivrables et attentes du projet.

Nous ne nous intéressons ici qu'à l'aspect informatique du projet ; parce qu'il constitue le maillon critique du projet. Toutefois, l'outil informatique adopté devra respecter un certain nombre d'exigences :

- utilisation facile et adéquate;

- mise en œuvre et maintenance aisée ;

- fiabilité des résultats obtenus ;

- interfaçage avec les outils de bureautique ;

- disponibilité d'alerte instantanée.

6   Critères de validité de la solution

Le coût inhérent à la mise en place du système de traçage du courrier à la BAT doit respecter les règles d'investissement en vigueur à BAT. Son déploiement devrait fédérer à toutes les dispositions organisationnelles de BAT.

7   Solution envisagée

Des actions visant à tracer le courrier en circulation à BAT ont été identifiées et soumises à l'appréciation des principaux acteurs de BAT dans la gestion du courrier. La fédération de leurs choix et suggestions a conduit à un diagramme de circulation du courrier présenté ci-après.

GESTION ENVISAGEE DU COURRIER A BAT

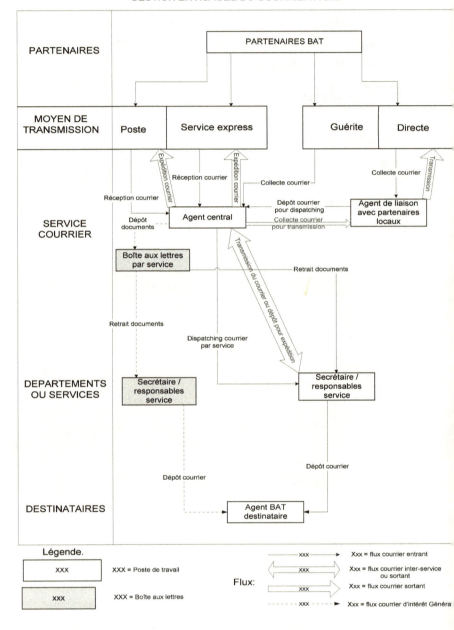

La solution ainsi envisagée, présente les avantages et les inconvénients ci-dessous.

Description	Avantages	Faiblesses	Améliorations
- le service courrier est tenu par 2 agents dont l'un au centre des enregistrements et l'autre destiné aux expéditions directes ; - Le courrier allant d'un point à l'autre est enregistré numériquement ; - la notification d'envoi est transmise au destinataire qui valide la réception effective ; - les registres des courriers entrant et sortant par service sont tenus par le service du courrier qui assure les décharges ; - la boîte aux lettres est désormais utilisée pour les documents d'intérêt général.	-amélioration de la maîtrise du processus ; - gain en temps de transfert ; - possibilité de tracer le courrier ; - possibilité de disposer d'un chrono numérique (baisse de photocopies) ; - analyse des flux assez aisée.	- Réduction du confort des intervenants du fait de la fréquence de notification de réception; -Politique de validation de réception délicate pour le courrier à destinataire multiple ; - Charge de travail assez importante au service courrier.	- Création d'un poste permanent au service courrier ; - Sensibilisation des intervenants ; - la validation de réception du courrier est effectuée par les Assistantes de service.

7.1 Business de BAT et Solutions.

L'amélioration du système d'information de la BAT en vue de la traçabilité du courrier favoriserait :

- le suivi permanent de la collaboration entre BAT et ses partenaires de marque à l'instar des décideurs politiques, ce qui offre à BAT une certaine assurance dans la stabilité de ses divers rapports de partenariat.

- L'assurance quant à la fiabilité du système de correspondance de BAT, avec pour conséquence la conservation de la marque de crédibilité des collaborateurs (fournisseurs ; grossistes ; sous traitants…) vis-à-vis des BAT.

- L'éventualité d'analyse des correspondances selon leur nature au sein de BAT, entre BAT et ses partenaires, en vue d'envisager une quelconque réforme bénéfique.

Ceci ne saurait se faire sans déploiement de ressources supplémentaires à savoir :

- ◆ la ressource humaine :
- création d'un poste permanent au service du courrier ;
- surcroît de travail au niveau des divers maillons du réseau BAT en matière de correspondance ;
- déploiement d'aptitudes dans l'implémentation de la solution.

- ◆ la ressource financière :
- Rémunération du poste supplémentaire ;
- Achat des consommables de bureau ;
- Achat et maintenance de l'outil informatique si besoin.

Le non déploiement de la solution favoriserait, dans le cas de pertes de documents classés sensibles, la non confidentialité de leur contenu. Ce qui constitue pour BAT une entrave aux actions stratégiques envisagées.

8 Grandes lignes et démarche

La mise en marche de la politique de traçabilité du courrier à la BAT passe par une suite d'activités, impliquant les Assistantes, le service IT et tous les intervenant dans la gestion quotidienne du courrier.

1. atelier d'élaboration de la stratégie à implémenter pour la traçabilité du courrier au sein de BAT.

2. évaluation et adoption de l'outil informatique envisagé ;

3. acquisition de l'outil informatique ;

4. formation des utilisateurs à l'usage de l'outil informatique adopté ;

5. déploiement de la stratégie.

Les étapes 2, 3 et 4 seront annulées si la stratégie adoptée ne fait pas usage d'outil informatique. Cette alternative a une incidence sur la fiabilité de ses données, ainsi que la difficulté à les analyser.

Approche méthodologique

La démarche vers la réalisation du projet s'est faite suivant la méthode Prince II ; méthode en vigueur à BAT. Cette méthode a l'avantage d'intégrer tous les aspects liés au projet pendant son élaboration.

Le projet est passé par un ensemble de séances de travail sanctionné par des rapports écrits et conservé ; chaque séance de travail était tenue en partenariat avec les principaux acteurs de BAT/CEMAC en matière de correspondance, tous signataires des différents rapports. Les résultats de chaque séance de travail étaient concrétisés en ébauche de solution qui devrait être évaluée lors des séances futures. C'est ainsi que sur la base des principes acquis de commun accord avec tous les participant à cette phase du projet, la version 1e d'une application de gestion informatisée du courrier à BAT est mise sur pieds et est en phase test actuellement.

Tel que présenté dans la partie descriptive du projet, il a été possible d'opter pour une solution disponible sur le commerce, qu'on adapterait à l'organisation de BAT. Toute fois les attentes liées à l'usage de la messagerie et des documents Multi-Utilisateurs, nous ont contraint à l'usage de LotusNotes qui intègre les Protocles SMTP et POP3. Cette solution adhère parfaitement à la Platte forme informatique de BAT.

Certains outils ont été utilisés pour la conduite des différentes activités liées au projet. On peut ainsi citer :

- ❖ L'espace de développement : Lotus Domino Designer.6.5. Pour le développement.
- ❖ Le Client : Lotus Notes 6.5. Pour les tests en tant que client de l'application.
- ❖ Microsoft Word : pour la rédaction des divers documents de rapportage.
- ❖ Microsoft PowerPoint : pour la réalisation des présentations des travaux à chaque phase du projet.
- ❖ Microsoft Visio : pour la réalisation des graphes modélisant schématiquement le système.

Présentation de l'application.

La base de document est testée ici en local, son icône est présente dans l'espace de travail si la connection est faite. Ci après est présenté un aperçu de l'espace de travail.

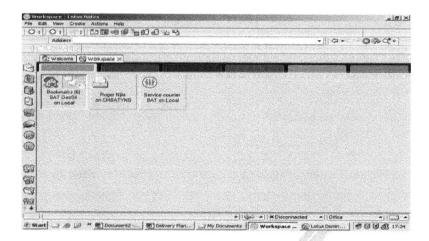

Un double-clic sur l'icône Service courrier BAT, nous conduit à la page d'accueil de l'application. Cette page est divisée en deux zones :

-   une de création des documents (étant entendu qu'ici tout enregistrement constitue un document)
-   une de navigation, ou de tracking des documents en circulation.

18

Les différents services de BAT devant user de cette application, sont ici représentés. Par un clic sur le type de documents, chaque service aura accès à ses documents en fonction du temps. Il est possible de se déplacer dans le temps et contrôler les documents suivant leur état, de rappeler aux destinations de valider la réception des documents, si la réception physique était effective.

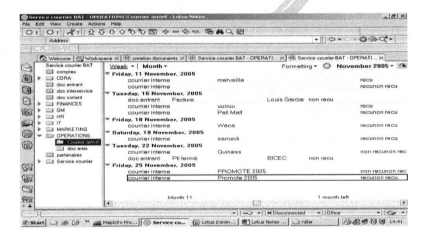

Les documents sont marqués ici par leur nature : courrier interne ou document entrant pour les courriers arrivés ; courrier interne et document sortant pour les documents émis.

---

9   Documents relatifs aux Partenaires et aux Comptes d'utilisateurs.

Au-delà des documents de type correspondance, il est possible de créer des partenaires de BAT, pouvant être utilisés comme destinataires des documents sortants, ou des comptes d'utilisateurs de l'application pour la réception des notifications d'envoi. La création ou la modification des comptes est destinée à l'administrateur de la Base de Document.

Les groupes représentent ici les services, une fois un compte créé, il est possible de changer son statut, en le rendant inactif.

Par un clic sur le menue modification des comptes de la page de navigation, on a accès à la liste des comptes,

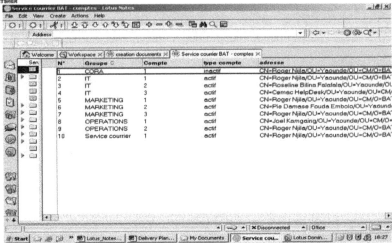

En ouvrant un compte, son statut peut être modifié en cliquant sur le bouton d'action « changer le type de compte ».

---

10   Gestion des documents en circulation.

10.1   Document entrant

L'image ci-après représente l'interface d'enregistrement des documents entrants à BAT. Il est utilisé par le service courrier. Après réception des documents chaque service peut valider la réception, ou encore rediriger le document vers un autre service, sinon aviser le destinataire final par une notification. Pour tout nouveau document, 2 actions sont possibles : envoyer le document vers le service, et créer un nouveau document. Si le document est enregistré et fermé sans l'action envoyer le document vers le service, le destinataire ne recevra pas de notification, et ne pourra l'avoir comme documents reçu.

BRITISH AMERICAN
TOBACCO

Il est donc indispensable de cliquer sur le bouton d'action « envoi vers service » pour la transmission du document, et l'envoi d'une notification.

La redirection du document (entrant) reçu.

Deux actions sont disponibles pour tout document ouvert en consultation. Réception, pour marquer le document reçu ; redirection pour le rediriger vers un autre service.

Avant toute redirection du document, il est nécessaire d'éditer le document ; en spécifiant soit le service destinataire2, ou l'adresse du destinataire final.

GROUPE
EIER - ETSHER

BRITISH AMERICAN
TOBACCO

Si ces deux champs sont vides le document se referme après un message d'avertissement. L'image ci après présente le message qui s'affiche en cas d'erreur.

En cas de redirection complète, le système vous l'annonce par un message, enregistre la date de redirection et le ou les destinataires (service) reçoit (vent) la notification.

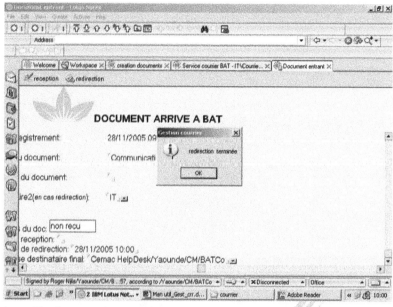

La notification se présente comme suit :

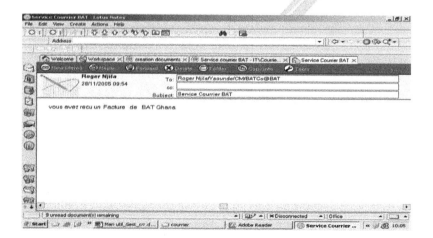

24

La validation de réception du document.

Le destinataire final, après réception de la notification peut rechercher le document en objet et valider la réception. Ceci fait le statut du document passe à document reçu, avec enregistrement de la date de réception.

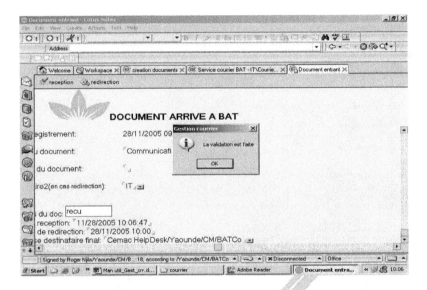

La réception des documents est faite une seule fois. A toute tentative de validation de réception d'un document reçu, le système génère un message d'alerte, le document garde ses informations (heures) antérieures et se referme.

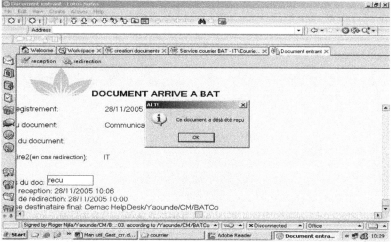

10.2 Document sortant

Ici sont enregistrés les documents partant des services de BAT vers un collaborateur externe. En cliquant sur le bouton sortant de l'interface de création des documents, un nouveau document est composé, il ne reste plus qu'à y insérer les informations nécessaires. Les informations nécessaires pour l'identification des documents, doivent être introduites dans la section : « info courrier sortant ». L'image suivante présente un document sortant en composition.

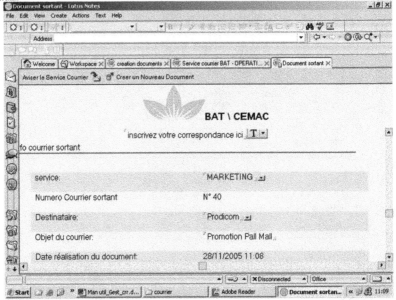

Après les renseignements fournis dans cette section, il est possible d'insérer, le document à transmettre dans la zone réservée portant la mention : « inscrivez votre correspondance ici »

A la validation de transmission vers le service courrier, l'enregistrement du document est fait, le service courrier reçoit une notification, et une copie dans son répertoire de documents émis, à la date correspondante. L'image suivante, présente l'ensemble des documents classés par date.

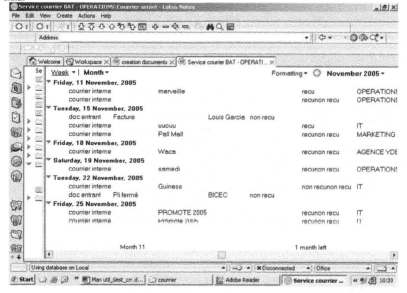

Expédition des documents.

Le service courrier doit par la suite valider l'expédition des documents, si elle est effective. Ceci se fait en ouvrant tout document et en cliquant sur le bouton d'action « valider expédition ». Cette action change le statut du document (document expédié) et enregistre la date d'expédition effective du document. Tout document au statut expédié ne peut être modifié à une date ultérieure.

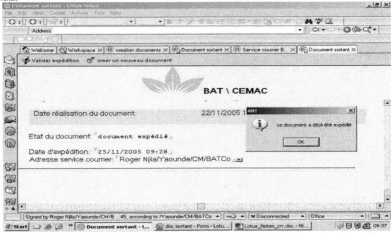

10.3 Document interne

Composition du document.

Le bouton « inter service » de l'interface de création des documents permet de composer un nouveau document. Les informations nécessaires sont introduites dans la section « info courrier interne » ; une zone mémo permet de stocker au besoin le contenu de la correspondance. Ici sont réalisés les documents partant de BAT et destinés aux services de BAT. Le document peut être destiné à cinq services au plus. Le réalisateur du document peut selon le cas, opter pour une transmission en série, ou pour une transmission en bloc. Si cette spécification est omise, le système opte pour une transmission en bloc ; Tous les services destinataires reçoivent notification et copie du document de façon simultanée.

Le moyen de transmission du document physique, est précisé afin d'informer le service courrier qui assurera la transmission du document ; si non de signifier au potentiel récipiendaire qui lui portera la correspondance.

A l'ouverture du document un seul champ est disponible pour l'enregistrement du service destinataire ; les nouveaux champs deviennent disponibles à chaque fois que son précédent est non vide. La transmission de tout document au destinataire n'est possible que si le service destinataire est indiqué.

Après avoir complété les champs nécessaires du document, cliquer sur le bouton d'action « transmission » permet d'envoyer une notification au service destinataire, et de répliquer le document dans les dossiers des services destinataires.

L'image suivante représente un document en fin de transmission ; il est possible d'y insérer plusieurs types d'éléments.

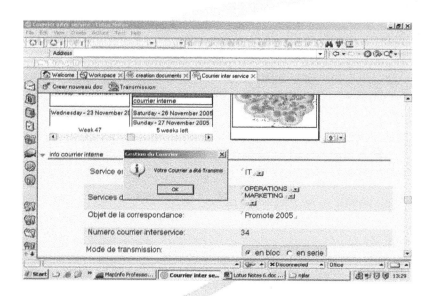

Transmission du document physique

A la transmission de la notification d'envoi au service destinataire, ce dernier recevra une copie du document à lui destiné dans son « folder ». Il peut se rassurer du porteur du document physique en consultant le document.

Parallèlement, si le service courrier est choisi pour assurer ce transfert, il reçoit de l'expéditeur une demande de transfert. Le mail de demande se présente comme suit.

Un mail similaire est envoyé au service courrier, si à la validation de réception du courrier dans un contexte de transmission en série, le moyen de transmission physique reste le service courrier.

Validation de réception de document inter service.

Après réception effective du document, le responsable du service destinataire peut par le bouton d'action « valider le réception » donner le statut de courrier reçu au document. Cette validation ne peut être faite par le même utilisateur, plus d'une fois. Cette action enregistre, le nom de l'utilisateur dont la session est en cours, et l'heure de validation ; Voir l'image suivante.

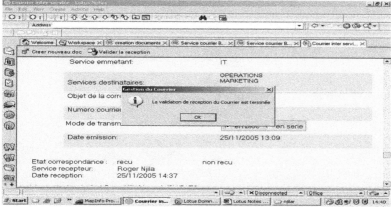

Toute tentative de revalidation par le même utilisateur n'est autorisée ; Le système renvoie un message d'alerte et ferme le document en cours ; voir l'image suivante.

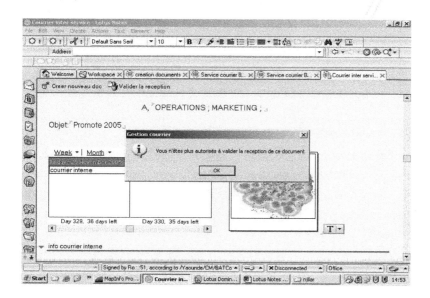

Impression d'un document.

Toutefois, s'il venait à être nécessaire d'imprimer le document, l'aperçu de la feuille d'impression se présente comme suit :

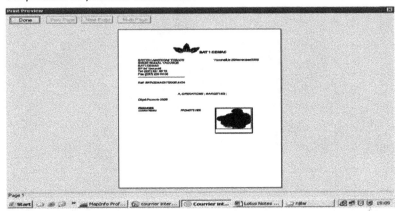

Comme on le constate les informations stockées dans la section « info courrier interne » ne sont pas disponibles, ces informations ne sont disponibles que si le document est en consultation ou en édition.

11 Développement de la solution : Document de Programmation.

11.1 Introduction

La base de document « Gestion du courrier », permet d'avoir un aperçu global du flux de documents (courrier) à BAT. Les documents sont enregistrés en remplissant les champs des formulaires correspondant au type de document en instance. Cette base est essentiellement faite de : formulaire, vues, dossiers (folder), « framesets », page, et d' « outlines ».

11.2 Les formulaires

La base de document « Gestion du courrier » est faite de 5 formulaires, tout document réalisé est enregistré dans la vue correspondant à son type. Des actions stockées derrière des boutons permettent de router les documents vers les destinations spécifiques, ou encore de modifier le statut des documents. La modification de la valeur des champs d'enregistrement déclanche selon le besoin une ou des procédures utiles pour le traitement des documents.

Partenaires.

Permettant d'enregistrer les informations relatives aux partenaires supposés communiquer assez souvent avec BAT. Les informations stockées dans ces documents permettent spécifier automatiquement les destinataires des documents sortant ou les expéditeurs des documents entrant au cas ou ces derniers étaient enregistrés.

Document entrant

Ce masque permet de renseigner la base de document en informations relatives aux documents entrant à BAT ; il est principalement destiné au service courrier. Le document réalisé ici est copié dans le folder des courriers reçus du service à qui il est destiné, aussi bien que dans celui des documents reçus du service courrier, si son enregistrement passe par le bouton d'action «envoi vers service» ; à l'occasion, le service destinataire reçoit une notification.

Ce document a deux statuts suivant la valeur du champ état du courrier, qui peut être « reçu » ou « non reçu ». Le changement d'état de ce document se fait via le bouton d'action « valider réception ». Cette action renseigne le document par l'enregistrement du nom de l'utilisateur et de l'heure de réception. Cette validation est contrôlée pour éviter des erreurs de validation ultérieure malencontreuse.

Document sortant.

Permet de réaliser des documents destinés aux partenaires. Tout service enregistrant les informations relatives à un document sortant, garde copie du document enregistré dans son répertoire de documents émis à la sollicitation du bouton d'action « aviser le service courrier », cette action créé une copie du document dans le répertoire des documents émis du service courrier, tout en adressant une notification (alerte) au service courrier.

Les documents sortant ont deux statuts : « expédié » et « non expédié ». Le statut expédié est acquis à l'exécution de l'action liée au bouton « valider expédition ». Cette action enregistre également l'heure d'expédition du document.

Courrier interne.

Les différents services peuvent enregistrer ici les documents à transmettre à leurs collaborateurs. Au-delà des informations relatives à la correspondance, les informations telles le mode de transmission (successivement ou en bloc) et le moyen de transmission (porteur) du document doivent être spécifiés ici. Selon les choix du mode et du moyen de transmission, le transfert du document numérique dans les répertoires destinataires s'effectue suivant des procédures distinctes. Il en est de même à la validation réception des documents.

La validation de réception des documents est contrôlée de façon à empêcher qu'un document ne soit reçu par inadvertance plus d'une fois par le même utilisateur.

Comptes.

Ici sont enregistrés les informations relatives aux utilisateurs de la base de documents. Le groupe ou service au quel il appartient, son adresse Lotus Notes pour la réception des notifications d'envoi des correspondances. Les comptes ont deux statuts ; selon la valeur d'un champ d'enregistrement : actif s'il est utilisé et inactif s'il est suspendu. Toute fois les accès à la base sont définis par l'administrateur.

11.3   Les actions

Accéssibles par les boutons d'actions intégrés au documents et par la liste des actions de la barre de menue au chargement des documents, ils permettent : de composer un nouveau document ou d'éditer un document existant.

Selon leur utilité, les actions liées à un document peuvent être disponibles à la création du document, ou à l'édition postérieure.

Toute actions déclanche une suite de procédures dont l'appel dépend d'un certain nombre de clauses et contrôles.

Les procédures utilisent des variables qui suivant le cas sont déclarées en variables globales ou en variables locales. L'initialisation des variables est faite suivant leur usage, au chargement des documents ou encore au chargement des procédures.

Les procédures utilisées ici sont pour la plupart des procédures propres à LotusNotes Domino Designer, mais dans le souci d'alléger la conception et l'exécution des actions, certaines procédures spécifiques ont été écrites.

Suivant la nature des contrôles, fonctions et commandes utilisés, le langage programmation est selon la convenance de type « formule » ou de type « LotusScript ».

11.4   Les vues

Il existe dans cette base de documents autant de vues que de types de documents. Ces vues permettent d'enregistrer tout document créé, c'est la base de référencement des différents documents. La présentation des vues est fondée essentiellement sur les champs d'enregistrement des différents documents ; ce qui permet d'identifier tous les documents enregistrés.

Aucune action ne peut être entreprise sur un document, via une vue, en dehors de l'ouvrir par un double-clic.

11.5   Les folders

Pour tous les services devant utiliser l'application, il existe deux répertoires dont l'un pour les courriers reçus et un pour les courriers émis.

Tous les répertoires sont bâtis sur un modèle calendaire ; de façon à faciliter la recherche des documents en circulation.

L'enregistrement des documents dans les différents répertoires est fondé sur les champs d'enregistrement des documents et dépend essentiellement de l'usage des boutons d'action lors de la création du document ou de la validation de réception ou d'expédition des documents.

11.6   L'interface d'accueil

Cette page est un Framset, disposant de 2 frames ; chaque frame contient une page.

La page de création des documents

Cette page dispose des boutons de type Hotspot, derrière chaque bouton est stockée une formule permettant de composer le document auquel il réfère.

La page de navigation et de suivi des documents

Cette page dispose des « outlines », les « outlines » sont des voies d'accès aux répertoires des documents des divers services, ou d'accès à la vue présentant les comptes d'utilisateurs.

11.7   Maintenance de l'application.

La dénomination des champs d'enregistrement comme des variables utilisés est assez proche de l'identification des informations qu'ils doivent porter ; le fonctionnement de l'application est essentiellement dépendant de ces derniers.

Les principales tâches de maintenance peuvent être liées à la disponibilité de certaines commandes telles celle de sauvegarde, de fermeture des documents, sous un contrôle d'édition.

Par ailleurs la configuration de l'application par la création d'un service nouveau est manuelle et induit certains corollaires tel :

-    La création de répertoires devant contenir ses documents ;

- La création d' « outline » donnant accès aux répertoires contenant les documents propres au service en question.
- L'insertion de lignes de commande permettant de copier les documents dans ces « folder »

11.8   Recommandations

Dans cette version 1e de l'application, certaines instructions restent assez lourdes du fait de l'usage de structures liées à des paramètres pas automatiquement repris des documents en instance. Ceci impliquerait une très grande attention dans toute activité de configuration par création de nouveaux services.

Il est question ici de passer à une phase test de l'application, afin d'évaluer son fonctionnement et la convivialité qu'elle procure à l'amélioration du système d'information du service courrier de BAT. L'intégration des préoccupations des utilisateurs, comme l'optimisation des codes utilisés actuellement, seront les activités de production des versions futures de cette application.

12   L'approche de programmation.

Afin de présenter l'approche globale utilisée pendant le développement de cette application, il est présenté ci-après les différentes parties du design d'un document, de la création aux éditions. Le document présenté ici est celui de l'enregistrement des courriers internes.

Ce document dispose d'une section où sont stockées les informations permettant d'identifier et de tracker tout document. Dans sa première partie qui est celle illustrant le document, les champs reçoivent les informations issues de la section nommée « info courrier interne ».

Cette section dispose de 2 tableaux dont l'un visible à la création et à l'édition du document et l'autre visible essentiellement à l'édition des documents existants.

Les trois images suivantes présentent successivement : la partie illustrative du document ; le tableau de renseignement du document puis le tableau de tracking du document.

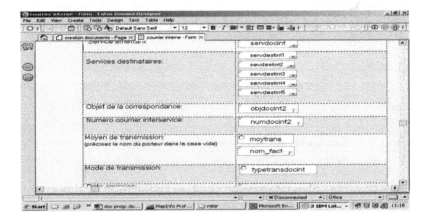

```
courrier interne - Form - Lotus Domino Designer                                    _|@| x|
File  Edit  View  Create  Tools  Design  Section  Help
○ :  |  ✎ ▤  |  ▣ ◣  Default Sans Serif    ▼ 10    ▼  B  I  ✎ ▤ ▾ ▤ ◢ ⚏        |                      ◉ ⊕ ⊙ :
   |  ▥  □ courrier interne - Form ×  □ creation documents - Page ×
         Date emission:                                    dateemcrrint2  🔟
```

```
   Etat correspondance    etatcrrint1  T      etatcrrint2  T      etatorrint3  T
   Service recepteur      servdestdocint1  T  servdestdocint2  T  servdestdocint3  T
   Date reception         datercptint1  🔟    datercptint2  🔟    datercptint3  🔟

   Adresse destinataire final:  sendto  🔟
         numdocint  T      refcrrinterserv1  T
```

```
◀|  ▶                                          ▲ | ✖ Disconnected   ▲ | Office      ▲ | ▲ | ▲
₿ Start  ◡ ◢ (A ᴹ  🖼 doc ordir.do..  | ⊿ ManInfo Prof  | ⌐ rgfer  | 🔟 Microsoft E▾ | 🔟 3 IBM Lot.. ▾ | 🕎 ⑴ ⑭ ⑭ 11:10
```

12.1   Les variables.

Les variables globales.

Ici sont déclarés les variables directement liées à la gestion du document en instance ; c'est à dire la base de donnée, la session, l'espace de travail, les vues, les adresses des destinataires du document. Par exemple on aura :

Dim s As NotesSession : pour la session dans laquelle on travail.

Dim wkspc As NotesUIWorkspace : pour définir l'espace de travail LotusNotes utilisé.

Dim db As NotesDatabase: pour définir la base de données utilisée.

Dim doc As NotesUIDocument : qui est la déclaration du document courrant.

Dim vue As NotesView : pour définir la vue dans laquelle on tire les données

Dim entree As NotesDocument: pour définir le document de la vue sur lequel on exécute une requête.

Dim max As Integer : qui est un compteur permettant d'arrêter la recherche des adresses d'un groupe.

Dim dest1(5), Dim dest2(5), Dim dest3(5), Dim dest4(5), Dim dest5(5) As String : la déclaration des listes d'adresses des différents services sollicités dans la formulation de la correspondance.

Leur initialisation.

Le document est nommée : « courrier interne ».

- Set wkspc = New NotesUIWorkspace pour définir l'espace de travail comme espace de travail courrant.

- Set s = New NotesSession pour initialiser la configuration de session utilisée à celle courante.

- Set db = s.CurrentDatabase pour définir la base de données utilisée comme celle courante.

- Set vue = db.GetView("comptes") pour définir la vue sur laquelle sera faites les requêtes comme celle contenant les comptes d'utilisateur.

- Set doc = wkspc.CurrentDocument pour définir le document sur lequel on travaille comme courant.

- max = 5 la limite de recherche est fixé à cinq adresses au maximum.

- Set entree = vue.GetFirstDocument initialise le document sur lequel porte la requête comme premier de le vue déclarée plus haut.

Les variables Locales.

Il s'agit principalement des variables utilisées pour la récupération ou l'affectation des valeurs dans les champs d'enregistrement de tout document en instance de création, des compteurs utilisées dans la gestion des transferts de notification ou des documents dans les répertoires des divers services.

Ces variables sont très utilisées dans les procédures « On change » des champs du document, c'est-à-dire quand la valeur que contient un champ est modifiée.

12.2   Les procédures.

Nous distinguons ici deux grands groupes de procédure, elles peuvent contenir ou non des sous-procédures auxquelles elles réfèrent. On peut ainsi citer :

- les procédures liées au changement de valeur des champs du document

- les procédures stockées derrière les boutons d'action liés au document.

Nous présenterons ici deux de chaque type.

Procédures liées à la valeur des champs.

Servdocint(field) : le champ d'enregistrement du service réalisant le document.

Servdestint1(field) : le champ d'enregistrement du 1er service destinataire du document.

1) Servdocint(field):

Cette procédure permet de référencer le document. La référence est fondée sur le service émettant, l'année d'émission du document, et le numéro du document.

```
Sub Onchange(Source As Field)
        Dim s As New NotesSession
        Dim db As NotesDatabase
        Dim wkspc As New NotesUIWorkspace
        .Dim doc As NotesDocument
        Dim docui As NotesUIDocument
        Dim vue As NotesView
        - Dim valeur, service, annee As String: des chaînes de caractères permettant de
stocker les valeurs référençant le document.
        - Dim compteur As Integer: un compteur permettant d'énumérer les documents inter
service dans la base de documents.

        Set db = s.CurrentDatabase
        Set docui = wkspc.CurrentDocument
        - annee = Cstr(Year(Now)): la récupération de l'année en cours.
        - service = docui.FieldGetText("servdocint") : la valeur contenue dans le champ en
cours de modification.
        - Set vue = db.getview("doc interservice") : l'ouverture de la vue contenant les
documents inter service.
```

- compteur = vue.EntryCount : le dénombrement des documents contenus dans la vue.

valeur = Cstr(compteur) la conversion en chaîne de caractère du nombre de documents.

Call docui.FieldSetText("numdocint",valeur): l'affectation de cette valeur dans un champ(numdocint) donnant le numéro du document dans la série ; ce champ n'est jamais visible de l'utilisateur, mais permet présenter l'information à l'utilisateur de façon non éditable.

Call docui.FieldSetText("refcrrinterserv1","BAT\CEMAC" & "\" & service & "\" & annee & "\" & " int" & valeur): l'affectation de la référence du document dans le champ « refcrrinterserv1 ».

Call docui.Refresh : le rafraîchissement de l'affichage du document.
End Sub (fin de la procédure)

2) Servdestint1(field)

Cette procédure contient une sous procédure (adresselist2(grp As String)) permettant de constituer la liste des potentiels destinataires, devant recevoir la notification d'envoi.

Sub adresselist1(grp As String)

"grp" est le nom du service destinataire dans le premier champ « servdestint1 ».

j = 1 : initialisation à 1 du compteur.

La vue sur laquelle est effectuée la requête est déclarée à l'initialisation du document et entree les documents existant dans cette vue.

While Not entree Is Nothing: clause de contrôle de l'existence des documents dans la vue.

If (grp = entree.ColumnValues(0)) And (entree.ColumnValues(2) = "actif") Then : clause de contrôle de l'existence des comptes au statut actif propre au service destinataire(1)

If j =< 5 Then : 5 étant le nombre maximum des comptes par service.

Dest1(j) = entree.ColumnValues(3): la liste prend les addresses destinataires des notifications dans la colonne 3 présentant les comptes.

j = j+1

End If

End If

Set entree= vue.GetNextDocument(entree) : pour le déplacement vers les prochains documents.

Wend : contrôle de la boucle while.

End Sub : fin.

Au changement de valeur du champ, les actions sont les suivantes.

Sub Onchange(Source As Field)

If Not (doc.FieldGetText("servdestint1") = "") Then : Pour une valeur non nulle de ce champ.

Call doc.FieldAppendText("servdestcrrint",doc.FieldGetText("servdestint1")): le champ " servdestcrrint" des services destinataires du document reçoit la valeur du 1er champ « servdestint1 ».

Call doc.FieldAppendText("servdestcrrint"," ; ")

Call doc.FieldSetText("etatcrrint1", "non recu"): la valeur du champ "etatcrrint1" correspondant au statut du document est mise à la valeur "non recu".

Call adresselist1(doc.FieldGetText("servdestint1")): apell à l'exécution de la sous procedure adresselist1 décrite plus haut,pour la valeur du champ « servdestint1 ».

End If

End Sub : fin de la procedure.

N.B. : faut noter que certains champs sont édités à travers l'exécution des formules simples. Par exemple pour la date d'émission du document dont le champ a pour nom « dateemcrrint1 », il est mis à jour à la création du document par la formule : @Created.

Les boutons d'action et leurs procédures.

On distingue ici les procédures écrites sous le langage de type formule et d'autre sous le langage de type LotusScript.

1) Procédure de type formule.

Nouveau(action) : Click.

Au clic sur le bouton le système compose un nouveau document.

@Command([FileSave];1); pour la sauvegarde du document courrant.

@Command([Compose];"";"courrier interne") : pour la composition d'un nouveau document dans la base de données en cours et de type : **"courrier interne"**

2) Procédure de type Client : LotusScript.
Transmission(action) : Click.

Cette procédure possède des sous procédures utilisées suivant les cas :

- Sub sauvegarde(adresse As String) : qui exécute l'enregistrement des documents dans les répertoires du service destinataire dont le nom correspond à « adresse ».
- Sub enbloc : qui assure une transmission du document vers les services destinataires en bloc c'est-à-dire tous les services d'un seul coup.
- Sub enserie : qui assure la transmission du document au 1er service pour une suite assurée à la validation de réception des divers services destinataires, de façon consécutive.

Cette procédure passe par une phase d'initialisation permettant de constituer les messages de notification et d'initialiser les variables de contrôle. La procédure d'initialisation est la suivante.

Sub Initialize

- Set s = New NotesSession: initialisation de la session utilisée.

- Set db = s.CurrentDatabase : declaration de la base de données comme celle courrante

- Set wkspc = New NotesUIWorkspace: initialisation de l'espace de travail comme celui en cours d'utilisation.

Set doc = wkspc.CurrentDocument

Set vue = db.GetView("comptes")

Set entree = vue.GetFirstDocument

typetransmission = doc.FieldGetText("typetransdocint") : la détermination du type de transmission de la correspondance (en bloc ou en série)

Set message = New NotesDocument(db)

Set message2 = New NotesDocument(db)

objet = doc.FieldGetText("objdocint2") : l'objet de la correspondence.

exped = doc.FieldGetText("servdocint") : l'identification du service composant le document.

moytrans = doc.FieldGetText("moytrans") : pour la determination du moyen de transport du document physique sollicité par l'initiateur du courrier.

service(1) = doc.FieldGetText("servdestint1")

service(2) = doc.FieldGetText("sevdestint2")

service(3) = doc.FieldGetText("servdestint3")

service(4) = doc.FieldGetText("servdestint4")

service(5) = doc.FieldGetText("servdestint5")

Pour l'identification des services destinataires sollicités par le document.

j = 1

While Not entree Is Nothing

46

```
        If      ("Service      courrier"    =    entree.ColumnValues(0))    And
(entree.ColumnValues(2)  = "actif") Then
            If j =< 5 Then
                    adressservcrr(j) = entree.ColumnValues(3)
                    j = j+1
            End If
        End If
        Set entree= vue.GetNextDocument(entree)
        Wend : Boucle de constitution de la liste des adresses du service courrier.


        n = 2


        Set rtitem = message.CreateRichTextItem( "notif" )
        Call rtitem.AppendText("vous avez recu un courrier de" +" "+ exped +" "+ " ayant
pour objet"+"  " + objet)
        Call rtitem.CopyItemToDocument(message, "Body")
        message.Subject = "Service Courrier BAT" : Pour la constitution du message de
notification d'envoi aux services destinataires.


        Set rtitem2 = message2.CreateRichTextItem("notif")
        Call  rtitem2.AppendText(s.CommonUserName+ ":    "+exped +   ",vous prie de
transmettre  du  courrier  vers:    "+service(1)  +"    "+ service(2)+"    "+service(3)+ "
"+service(4)+"  "+service(5))
        Call rtitem2.CopyItemToDocument(message2,"Body")
        message2.Subject = " Transmission du courrier" : Pour la constitution du message
destiné au service courrier si ce dernier est sollicité pour la transmission physique du
document.


        If ((service(1) = "") And (service(2)= "" )And (service(3) = "")And (service(4) = "")
And (service(5) = "")) Then
                Call  wkspc.Prompt(1,"Alerte!",   "vous  devez  préciser  les  services
destinataires")
```

Exit Sub

End If : pour le contrôle de l'existence d'informations relatives au destinataires.

If (service(3) <> "") Then

        n = 3

End If

If (service(4) <> "") Then

        n = 4

End If

If (service(5) <> "") Then

        n = 5

End If

If (service(2) = "") Then

        n = 1

End If : pour l'initialisation du compteur référant le nombre de service sollicité.

End Sub

Au clic du bouton d'action, les actions suivantes sont exécutées.

Sub Click(Source As Button)

        If ((service(1) = "") And (service(2)= "") And (service(3) = "") And (service(4) = "") And (service(5) = "")) Then

                Call doc.Close

                Exit Sub

        End If : si les destinataires du document ne sont pas précisés, le document se ferme et la procédure est annulée.

        If (typetransmission = "") Then

                typetransmission = "en bloc"

                Call wkspc.Prompt(1,"Gestion du courrier","veuillez specifier le type de transmission à la prochaine")

End If : si le type de transmission n'est pas précisé, la transmission en bloc est utilisée et un message d'avertissement s'affiche.

Call doc.Save : pour la sauvegarde du document en cours.

Call wkspc.Folder(doc.FieldGetText("servdocint")&"\doc emis",True) pour la duplication du document dans le répertoire des documents émis du service réalisant le document.

Select Case typetransmission : suivant le type de transmission souhaité, les sous procedures (enserie ou enbloc) sont utilisées pour la transmission.

Case "en serie"

  Call enserie

  If moytrans = "Service courrier" Then

    For j = 1 To max Step 1

      If (adressservcrr(j) <>"") Then

        Call doc.FieldSetText("sendto",adressservcrr(j))

        Call message2.Send(0,doc.FieldGetText("sendto")): si

le service courrier est le mode de transport physique du document, le « message2 » est envoyé au service courrier.

      End If

    Next j

  End If

Case "en bloc"

  Call enbloc

  If moytrans = "Service courrier" Then

    For j = 1 To max Step 1

      If (adressservcrr(j) <>"") Then

        Call doc.FieldSetText("sendto",adressservcrr(j))

        Call message2.Send(0,doc.FieldGetText("sendto")) : si

le service courrier est le mode de transport physique du document, le « message2 » est envoyé au service courrier.

      End If

    Next j

49

End If

End Select

Call wkspc.Prompt(1,"Gestion du Courrier", "Votre Courrier a été Transmis") : alerte signifiant que la transmission s'est déroulée sans heurt.

Call doc.Save() : sauvegarde du document.

Call doc.Close: fermeture du document.

End Sub : fin de l'action.

PARTIE II

« Car traking and trade activities ».

Résumé du projet

1 Objet du Document

A l'origine, le projet portait sur l'amélioration de la base d'informations utilisées pour le tracking du matériel roulant de BAT. Ce projet s'est par la suite étendu aux activités de « trade » du département Marketing de BAT, parce que utilisant le matériel roulant. Le présent document présente l'évolution du projet dans sa phase initiale dite expérimentale et la démarche entrevue pour son déploiement total.

2 Historique du Projet

Dans le cadre du projet de sécurisation du matériel roulant utilisé à BAT, certaines mesures ont été adoptées, parmi lesquelles l'acquisition d'applications de localisation spacio-temporelle de tout équipement roulant BAT ; il s'agit principalement des applications : « Drive wright » et « MS_Track Pro MX »(MT2000).

La base d'informations utilisée par ces applications est peu fournie quant aux points où BAT se déploie véritablement ; on ne peut par conséquent qu'avoir une localisation grossière des agents BAT déployés sur le terrain.

Afin de pouvoir localiser de façon exacte tout matériel roulant BAT et de s'assurer de l'effectivité des prestations de ses agents de terrain, BAT s'est engagé à disposer de son univers géographique d'activité de « Trade ». Cet univers concerne spécialement le champ d'activité des « TMR » ; ces derniers étant les agents par qui BAT appuie les activités de ses partenaires en matière de distribution.

Ce projet de sécurisation du matériel roulant, est conduit concomitativement avec le projet TMIS de mise sur pieds d'outils plus évolués d'analyse du marché BAT/CEMAC.

3   Définition du Projet

3.1   Objectifs du Projet

Aux sorties de ce projet, il faudra :

- disposer de l'univers géographique entier des activités de « Trade » de BAT.
- Faciliter et optimiser l'usage des applications de Tracking par GPS du matériel roulant utilisées actuellement par le service de sécurité de BAT.
- Etre capable de tracker tout agent BAT en activité sur le terrain, afin de s'assurer de l'effectivité et du suivi parfait du planigramme des activités.

3.2   Portée du Projet

Ce Projet s'applique à tout le marché BAT Cameroun mais dans sa phase actuelle de lancement, il n'a été question que du marché BAT de la ville de Yaoundé.

3.3   Evolutions du Projet

Parti du désir de disposer d'informations complètes sur le potentiel parcours des agents BAT déployés sur le marché, il a été question de recourir à l'identification physique des points constituant le « Road Plan » de chacun des TMR des différentes agences de BAT. Ceci s'est fait sur la base des données disponibles dans l'application « RCS », étant la base de données permettant d'analyser l'évolution du marché par le département Marketing de BAT.

Ayant pris connaissance des objectifs spécifiques du Projet TMIS, notamment celui des disposer de toutes les informations conduisant à des analyses plus pointues du marché, favorables à l'élaboration de stratégies de plus en plus fiables.

Le projet a évolué vers la réalisation d'un système d'informations géographique s'intégrant parfaitement aux bases de données utilisées à cet effet.

3.4   Attentes et Grandes lignes du Projet

Résultats du Projet

Description	Propriétaire	Destinataire	Contrôleur	Approbateur	Format
Univers des points visités par les TMR	Service de Sécurité & Marketing	Service de Sécurité & Marketing	Service de Marketing	Service IT	SIG
Contrôle de l'effectivité des visites des points de vente	Service Marketing	Service Marketing	Service Marketing	Service IT	Données
Efficience des activités d'appui dans la vente	Service IT & Service Marketing	BAT Leadership team	Service IT	Service IT & Service Marketing	Données

Il faut par ailleurs signaler que disposant de cet outil, tout TMR peut intervenir en toute aisance sur une zone de travail qui n'est pas sienne. Ceci faciliterait également toute activité de contrôle par les « Area Manager ».

3.5   Les contraintes

Le déploiement des activités nécessaires pour la finalisation de ce projet, nécessite un certain nombre d'investissement de la part de BAT notamment, le déploiement du personnel devant collaborer et appuyer les activités des « TMR », pour la réalisation complète de l'univers géographique des points constituant le marché BAT.

Par ailleurs il faudra disposer d'assez d'équipements (GPS) pour une réalisation des activités dans les délais impartis au projet. La collaboration et l'implication totale des TMR constituent un facteur déterminant pour la bonne marche des activités dont est tributaire le présent projet. Ils devront pour se faire être sensibilisés quant à l'utilité de ce projet dans la réalisation de leurs tâches quotidiennes.

Il faudrait prendre en compte ici, le caractère évolutif du marché et des activités de « Trade ».

4 Démarche et Méthodologie utilisées

La réalisation du Projet s'est déroulée suivant une certaine démarche avec l'usage d'outils particuliers.

4.1 Phase d'imprégnation

Afin de définir l'approche qui nous permettrait de répondre aux attentes du projet, il s'est avéré nécessaire de prendre connaissance des applications de « tracking » utilisées par BAT. C'est ainsi que sur la base de l'extension des fichiers utilisés par ces applications, nous avons réalisé que ces applications utilisent des modules « MapInfo ».

Nous avons par la suite procéder à l'étude de l'architecture de l'application et de la structure des tables aux quelles l'application se réfère.

4.2 Réalisation de l'univers des Points suivis à Yaoundé

Sur la base des données disponibles dans la base de données RCS utilisée par le service Marketing ; étant entendu que les points utilisés ici sont les points faisant l'objet des activités quotidiennes des TMR ; ce sont les points de vente répondant à certains critères d'évaluation. Les points recensés ici sont sélectionnés suivant leur identifiant RCS.

Le positionnement Géographique des points recensés s'est fait en suivant le « Road plan » c'est-à-dire le plan de déplacement préétabli pour chaque « TMR ».

Outils et Méthodes

Il a été question ici de récolter les coordonnées géographiques des points de vente dans le même système de projection que les tables utilisées par les applications de tracking.

Nous avons eu recours à :

- Un GPS de marque Garmin type QUEST.
- L'application MapSource pour le transfert des données du GPS à l'ordinateur.
- Le logiciel Microsoft Excel pour la mise en forme des données issues de GPS.
- Le Logiciel MapInfo pour l'obtention d'une représentation graphique des points de vente.

Un module de recherche a été réaliser sous Excel afin d'attribuer aux différents points GPS obtenus de MapSource dans un fichier texte ; leur référence RCS. Sous MapInfo, La structure des tables obtenues a été modifiée de façon à les rendre compatibles à celles utilisées par les logiciels de « Tracking »

Afin de compléter les informations récoltées, nous avons pour les besoins d'habillage des univers des divers « TMR », procédé à la conversion des informations disponibles au format Shp, Dbf et Shx aux informations dans le format MapInfo. Le module « Universal Translator » de MapInfo a été utilisé à cet effet.

Les résultats

Pour Chacun des « TMR » l'univers de suivi des activités de distributions a été réalisé. Toutes les données ont été consolidés en une table avec un champ portant la référence du « TMR » lié à chaque point de vente. Ceci se présente comme suit.

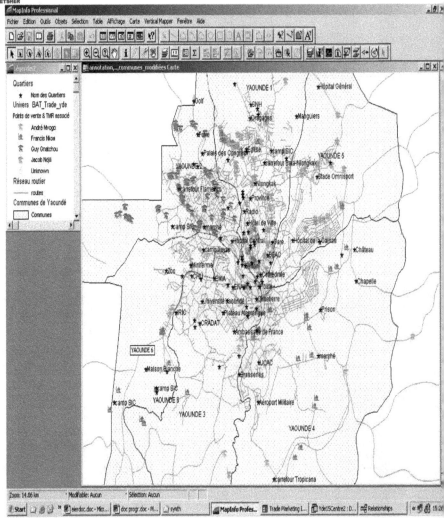

Par ailleurs, il faut noter que la réalisation de cette base de données géographique permettra d'éviter des pertes de temps dû au suivi du même point de vente par plus d'un TMR ; cette situation s'est faite ressentir en réalisant les « Road Plans » des TMR. Dans la figure suivante on note le passage de 2 TMR au même point de vente.

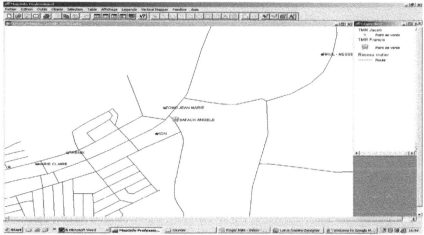

Cet état de chose ne saurait exister si l'on disposait d'une base de données
géographique.

La table utile pour le système de « tracking » dans cette fenêtre est la table
« Univers BAT_Trade_Yde ». Cette table recevra le nom « annotation » qui est le
nom de la table utilisée par l'application de « Tracking » pour identifier
l'emplacement du matériel roulant en temps réel dans la zone de Yaoundé.
La fenêtre suivante présente un aperçu de la structure de cette table.

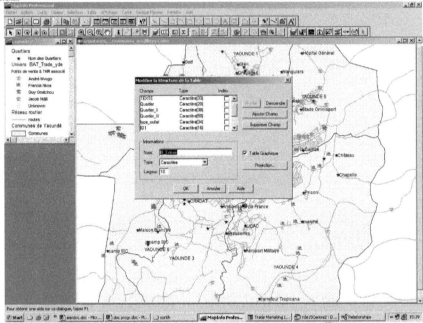

Les points graphique de cette table sont labellisés suivant la valeur du champ
« TEXTE ».

Nous présentons ci-après deux fenêtres présentant l'outil de Tracking avant et
après remplacement de la table.

Avant :

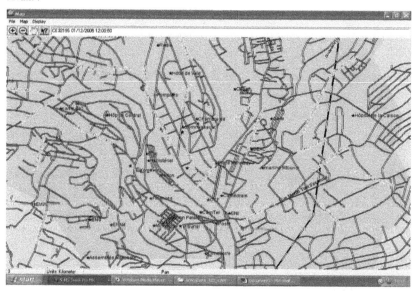

Après :

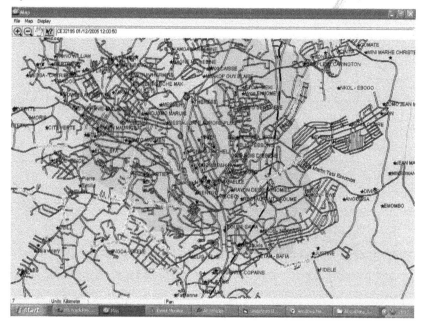

5   Evolutions du Projet

Afin de rendre aisée la mise à jour des informations disponibles actuellement dans la base de données étant entendu que l'univers géographique du marché est évolutif, nous avons pensé que cette dernière puisse être mise à jour de façon synchrone avec la base de données RCS aujourd'hui puis TMIS dans un proche avenir. Ceci sera fait en disposant dans les tables de ces bases de données des champs relatifs aux coordonnées géographiques des points de vente.

Il faudra pour ainsi dire, procéder à une connection ODBC entre MapInfo et la base de données. Une fois la connection faite, il faudra créer un catalogue de cartes dans la base de données ; ce catalogue est bâti sur les coordonnées Géographiques disponibles.

5.1   Usages escomptés

Aux sorties de ce projet,

- pour tout « TMR », il sera possible d'obtenir graphiquement son « Road plan » pour une période précise, en réalisant une requête SQL sur la base de données.
- L'univers géographique matérialisant le parcours potentiel des divers utilisateurs du matériel roulant de BAT doit être maîtrisé, mis à jour assez fréquemment et avec aisance.
- Des analyses spatiales du marché, doivent être possibles sur la base des informations récoltées par les « TMR »
- L'efficience du suivi des activités de distribution, doit être traduit suivant les principes du Marketing en donnée spatiale et en tout temps.

5.2   Illustrations de la Démarche

Afin d'user des informations disponibles dans la base de données RCS, il a été nécessaire de comprendre l'architecture de cette base de données, ainsi que la structure de ses tables.

La figure ci-dessous représente la structure grossière de la base de données.

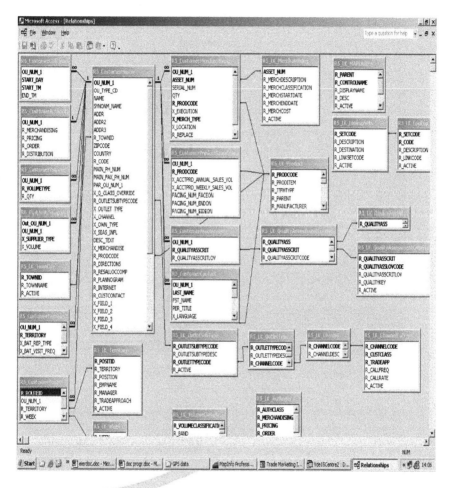

De cette structure, il ressort que la table nommée « R5_CustomerMaster » est la table contenant les informations de base ; sur la base de son champ Clé « OU_NUM_1 », elle partage les informations avec les tables satellites. Nous avons basé le connection et la création du catalogue de cartes sur cette table. Elle a au paravent été modifiée dans sa structure de façon à disposer des champs pour les coordonnées géographiques.

Une fois la connaissance de la base de données acquise, nous procédons à la création d'une connection ODBC à la base de données. La figure suivante illustre l'environnement de création de la connection.

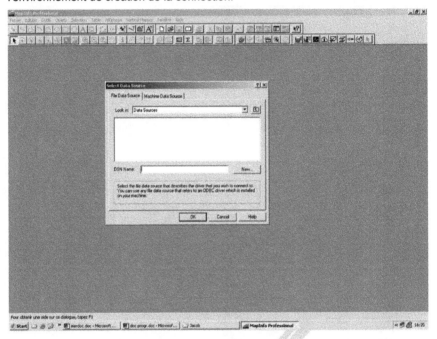

La connection est faite avec un nom qui sera utilisé à chaque connection : le « DSN ». Le DSN « RCSYDE » a été utilisé ici.

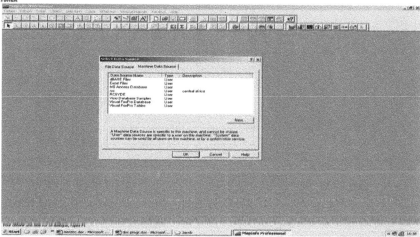

A l'appel de connection, la fenêtre de sélection de la table à charger se présente (voir la figure suivante).

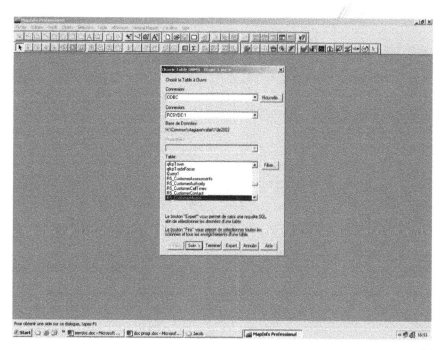

L'ouverture de la table suit une démarche progressive. Il faut ensuite procéder à la création du catalogue des cartes de la base de données.

L'outil de création se présente comme suit.

La connection a été faite ici sur la base de données d'un « TMR », à la création des points graphiques illustrant chaque points de vente, nous avons la carte suivante :

65

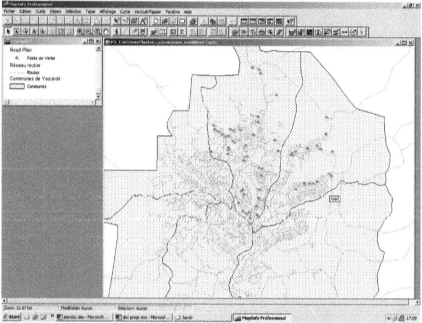

La réalisation des requêtes est possible sur cette table ouverte en connection, de même que la mise à jour de type « Table Update ». Pour Illustration, nous avons procédé à la sélection des points suivis par ce TMR, à Chaque jour de la semaine. Pour se faire, nous avons au préalable chargé la table nommée « R5_CustomerRoutes » car c'est qui contient le planigramme par jour des visites du TMR. Les figures suivantes illustrent successivement, la rédaction de la requête et la sélection les points suivis le lundi par ce TMR.

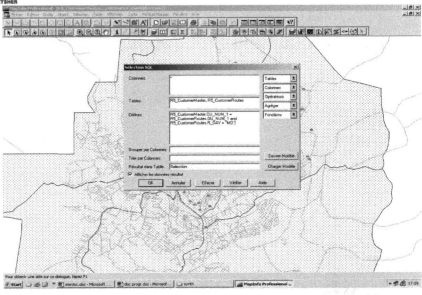

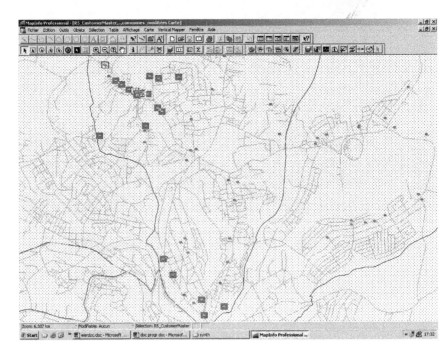

On peut ainsi générer par des simples requêtes SQL, bien entendu connaissant l'architecture et la structure de la base de données, le « Road Plan » de Chaque « TMR ». Ceci en tout temps, à condition de disposer d'une base de données mise à jour.

N.B : il est nécessaire de couper la connection établie si on n'aimerait pas que les traitements réalisés soient intégrés à la base de données.

5.3 Quelques Analyses de Données

Efficience des activités de suivi des points de vente

Par la réalisation de Modèle Numérique de Terrain (MNT), on peut pour une période donnée disposer d'un outil permettant d'appréhender les zones de fort besoin en suivi, ou encore de planifier sur la base d'informations réelles les déploiements d'activités sur le terrain.

Dans l'illustration qui suit nous avons réalisé le MNT en utilisant un coefficient lié au passage ou non du TMR en un point de vente pendant une période donnée. Les données de terrain ont été au préalable agrégés sur la base du coefficient lié au passage à chaque point de vente. Nous avons estimé à 1,5 km le rayon de la zone influencée par un point de vente ; ceci parait plus important que la réalité. Ce niveau d'influence est aussi dépendant du type d'Outlet (point de vente).

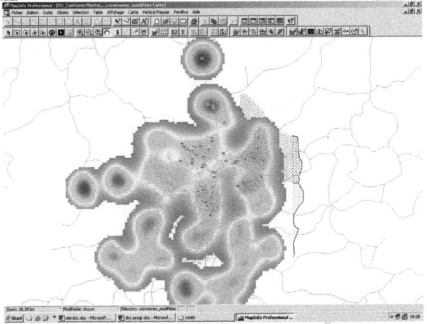

Comme nous le constatons on évolue de la couleur bleue vers la couleur rouge des points assez suivis vers les points où l'effort nécessaire est de 100%. Les zones en blanc étant les zones ne connaissant aucune l'influence du déploiement des activités de BAT sur le marché. La légende est présentée ci-après.

En pourcent nous avons le besoin en déploiement.

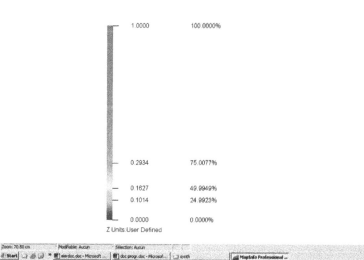

```
1.0000        100.0000%




0.2934        75.0077%


0.1627        49.9949%
0.1014        24.9923%

0.0000        0.0000%
Z Units:User Defined
```

Analyses Comparatives

Utiliser des résultats tels ceux présentés ci haut sans intégrer d'autres facteurs, conduirait à des prise d'initiative peu justifiées. Nous avons par exemple intégré au graphique présenté plus haut la localisation des marchés de la ville, afin de voir si déjà tous les marchés de la ville étaient suffisamment investis.

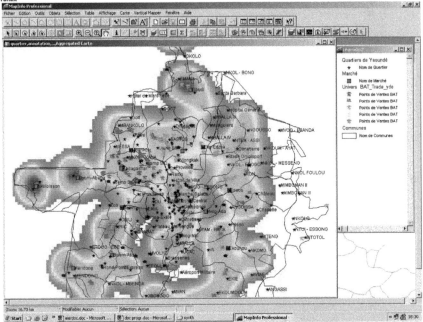

Comme nous le constatons ici, seul les Marchés : MVog-Ada et Ngoa-EKélé nécessitent des travaux d'appoint.

Dans le respect des principes de distribution des produits liés au tabac, un certain nombre de règles doit être observé, notamment le déploiement des activités de distribution loin des centres de santé et d'établissements scolaires par exemple. Si nous intégrons à titre indicatif les établissements scolaires à notre analyse on obtient le graphique suivant.

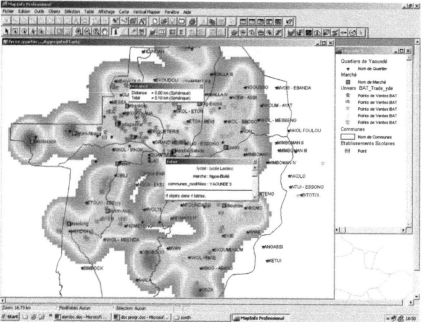

Si nous faisons fi de la nature incomplète des informations disponibles ici sur la carte scolaire de la ville, on peut tout de même se rendre compte de la proximité à titre d'exemple, du marché de Ngoa-Ekélé du lycée Leclerc.

Ceci peut être fait en intégrant tous les paramètres liés aux activités de « Trading ».

Il ne faut par contre par perdre de vue que les activités ne peuvent être déployées que vers des zones réellement habités avec un taux d'habitants raisonnable. Nous avons sur la base des informations disponibles en matière de typologie d'habitat dans la ville de Yaoundé, procéder à une analyse thématique. Bien entendu que l'information ici disponible devra être mis à jour sur la base des nouvelles évolutions dans l'expansion de la ville vers les zones périphériques.

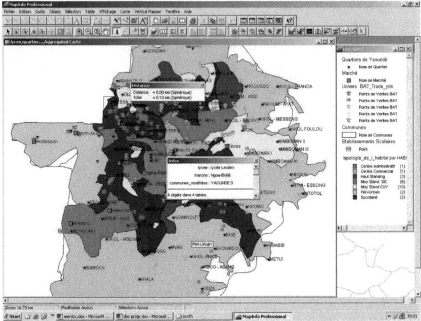

En observant de façon comparative cette figure et celles du haut, des justifications quant au déploiement intensif ou peu intensif dans un quartier quelconque de la ville.

Toutefois il faut signaler ici que de nombreuses analyses peuvent ainsi être conduites sur la base des principes régissant les activités de « Trading » de BAT. Par exemple la fenêtre suivante présente un certain nombre d'analyses faites à la connection sur RCS.

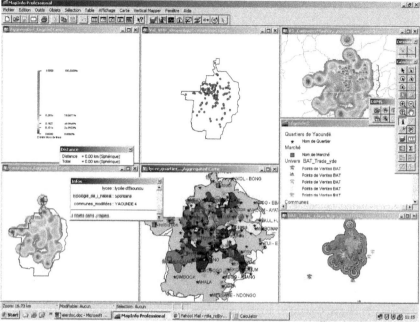

6 Recommandations

1° Afin de disposer d'une base fiable de suivi et d e sécurisation des personnes et matériels roulant hors du site de BAT, certaines mesures doivent être prise :

- sensibiliser et impliquer les « TMR » dans la constitution de la base de données géographiques.
- User des équipements de tracking (puces GPS des véhicules) pour la mise à jour des informations.

2° Disposer de l'application MapInfo et ses divers modules de traitement est indispensable pour les traitements et analyse des données de terrain.

3° l'acquisition d'images satellitaires permettrait de travailler avec plus de diligence.

Nous faisons fi des considérations économiques liées à la réalisation complète de ce projet, étant entendu que le coût de l'acquisition des applications de « tracking » utilisées actuellement, justifie déjà le financement de la première phase du projet, qui est celle de la mise à jour de la base de données des applications citées plus haut.

74

Bibliographie.

1. B. David, L. Raynal, G. Schorter, GeO2: why objects in a geographical DBMS?, Proceedings of the 3rd International Symposium on Advances in Spatial Databases, P.1-234, 1997

2. G. Ozsoyoglu & R. Snodgrass, Temporal and Real Time Databases: A survey IEEE Transactions on Knowledge and data engineering, P 213 – 515, 1995

3. Lotus Development Corporation & IBM: Lotus Education ; Application Development1 , P 226, (1998)

4. Lotus Domino Designer.6.5. Help . exe

5. Pascal Barbier : Fonctionnalités de base: MapInfo V6.5 , P 24, 2002

6. Pascal Barbier : Fonctionnalités spécialisées et utilisation du logiciel MapInfo V6.5, P 42, 2002

7. Pascal Barbier : Gestion des tables DBMS par lien ODBC, P 58, 2002

8. P. Marmonier : L'information géographique, 2002

9. Tutorial Vertical Mapper : Countour modeling and display software for MapInfo desktop mapping

10. http://www.commentcamarche.net/

11. http://www.research.ibm.com/

12. http://www-128.ibm.com/developerworks/lotus

ÉDITIONS
UNIVERSITAIRES
EUROPÉENNES

Une maison d'édition scientifique
vous propose
la publication gratuite

de vos articles, de vos travaux de fin d'études, de vos mémoires de master, de vos thèses ainsi que de vos monographies scientifiques.

Vous êtes l'auteur d'une thèse exigeante sur le plan du contenu comme de la forme et vous êtes intéressé par l'édition rémunérée de vos travaux? Alors envoyez-nous un email avec quelques informations sur vous et vos recherches à: info@editions-ue.com.

Notre service d'édition vous contactera dans les plus brefs délais.

Éditions universitaires européennes
est une marque déposée de
Südwestdeutscher Verlag für
Hochschulschriften GmbH & Co. KG
Dudweiler Landstraße 99
66123 Sarrebruck
Allemagne

Téléphone : +49 (0) 681 37 20 271-1
Fax : +49 (0) 681 37 20 271-0
Email : info[at]editions-ue.com
www.editions-ue.com

www.ingramcontent.com/pod-product-compliance
Lightning Source LLC
LaVergne TN
LVHW042345060326
832902LV00006B/388